O Segredo da Outra Vida

Lançamento: Maio/1989
Revisado e atualizado em julho de 2011
Desenhos: Sérgio Miguel Castro
Capa: Andrey Lamberty

T814s Trevisan Lauro
O segredo da outra vida / Lauro Trevisan – 19. ed. revisada e atualizada - Santa Maria : Editora e Distribuidora da Mente, 2013.
64 p. : il.

ISBN 978-85-7151-008-3

1. Autoajuda 2. Psicologia-Motivação I. Título

CDU 159.962.7

Ficha Catalográfica elaborada pela Bibliotecária Eunice de Olivera – CRB 10/1491

EDITORA DA mente

Pedidos: Editora e Distribuidora da Mente Ltda
Rua Tuiuti, 1677 – Caixa Postal 559
97015-663 Santa Maria/RS- Brasil
Fone (0xx55) 3223.0202 – Fax (0xx55) 3221.7184
Email: mente@editoradamente.com.br
Site da Editora: www.editoradamente.com.br
Email do autor: laurotr@uol.com.br
Site do autor: www.laurotrevisan.com.br

Lauro Trevisan

O Segredo da Outra Vida

19ª Edição

Santa Maria - RS
Editora da Mente
2013

Enxugue a lágrima,
olhe para o Nascente,
que o sol de um novo dia
vem chegando
para iluminar a sua mente
e aquecer o seu coração.

Agora, venha comigo,
dê-me sua mão,
vamos abrir a porta
do fascinante mistério da vida.

ERA UMA VEZ
uma criança linda, cheia de vida,
muito amada, que estava
se desenvolvendo no útero da mãe.

Vivia radiante de felicidade
nesse pequeno mundo
de sonhos doirados.

Recebia o alimento nutritivo
que a fazia crescer saudável
e tinha a proteção de uma vida
segura e despreocupada.

Seu ninho
era todo feito de ternura.

No aconchego
de sua moradia abençoada,
sentia-se defendida de qualquer
sobressalto ou sofrimento.

Os dias iam
se sucedendo,
nessa felicidade
incomensurável.

Até que ouviu uma Voz, que lhe disse:

- Chegou a hora de deixar esse lugarzinho.

- Não, não! – respondeu, de imediato, a criança. – Eu não quero sair daqui. Estou tão bem neste bercinho. Isto é o meu paraíso.Quero ficar sempre neste pequeno mundo lindo.

- Mas, você precisa sair – voltou a insistir a Voz. – Se você não deixar esse lugarzinho, não poderá nascer.

- Por favor, deixe-me aqui. Como é bom ficar neste ninho gostoso! Sinto-me tão amada, tão protegida!

- Dou-lhe a minha palavra que, ao sair desse refúgio, você irá para outro muito melhor, onde será mais amada, mais acariciada e mais feliz.

- Não consigo acreditar que possa existir outro mundo melhor – queixou-se a criança.

- Existe – assegurou a Voz. – Você precisa nascer. Tudo vai ser tão lindo do lado de lá!

- Ah, meu Deus! – exclamou a criança. – Estou com tanto medo. Por que tem que ser assim?!

A Voz procurou animá-la:

- Coragem!

Mas, a criança
não se conformava:

- Trocar este mundo
tão maravilhoso por outro
que não conheço e que nem
sei se existe realmente...

- Garanto-lhe que existe e você
será recebida com muitos
sorrisos e muita festa.

A criança não escondia
a sua angústia:

- Mas, eu não consigo ter certeza
do que você está dizendo.
Não há nada que me prove
a verdade das suas palavras.

- Confie - sussurrou a Voz, com ternura. - Eu amo você e preparei-lhe um lugar tão bom, que vai me agradecer pelo resto da vida.

- É tão difícil aceitar. Tenho medo de sair desta casa tão feliz em que vivo...

- Venha - chamou-lhe a Voz.

A criança não cedia:

- E se isso que você chama de nascer significa o meu fim? Não, não quero nascer!

- Chegou a hora - disse a Voz, com amor, mas com firmeza irreversível.

A criança teve que nascer.

Mas, no momento em que dava
o grande salto para o novo mundo
desconhecido e estranho,
foi acolhida
por dois braços carinhosos.

Olhou para cima e viu um rosto
iluminado de amor e de felicidade,
derramando sobre ela
o mais terno sorriso de emoção.

- Oh, como é bom nascer! –
exclamou a criança.

E sentiu estremecimentos
de prazer ao ser beijada, acariciada
e embalada docemente pela mãe.

Que maravilha!

Ela agora podia tocar
e sentir a calidez aconchegante
do corpo de sua mãe.

- Oh! – descobriu, com incontido
entusiasmo. – Está aqui
aquele coração que batia
a mais linda música...

A criança vibrava exultante com as descobertas que fazia. Estava com fome e já a mãe, solícita e atenta, lhe dava o seio. Sim, ela continuava, aqui deste outro lado da vida, mais amada e protegida que nunca.

E recebia todo o alimento necessário na boquinha, a qualquer momento que o desejasse.

- Obrigada, Meus Deus, porque me fizeste nascer! Estou tão contente! Não quero mais voltar para onde estava antes...

E a mimosinha
foi se desenvolvendo muito feliz,
carregada carinhosamente
de braço em braço.

Era o centro das atenções.

Onde estava, havia festa,
sorrisos, enfim
o próprio reino dos céus...

Sim, a criança foi crescendo.

Cada dia o mundo
se tornava mais grandioso
e mais bonito.

De manhã cedo, o sol batia
à sua janela cor-de-rosa,
resplendente de luz e de calor;
os pássaros cantavam
sinfonias celestiais e as flores
enfeitavam os caminhos e a vida.

Veio a juventude,
com seus arroubos e ideais;
com os irresistíveis
impulsos de amor; com o corpo
atingindo aquela plenitude
exuberante.

Certo dia,
o coração explodiu de amor
por uma criatura apaixonante.

Era como se tivesse
atraído para si uma outra parte
de si mesma.

E casaram, tiveram filhos,
prosperaram economicamente.

O tempo foi passando.

Agora, do alto de sua idade,
podia contemplar a vida
com mais tranquilidade
e segurança.

A vida foi avançando.

Quanta distância daquele longínquo dia do nascimento!

Os cabelos já estavam
embranquecidos pela neve
do tempo,
as pernas trôpegas,
o coração hesitando
de vez em quando.

Um belo dia, ao entardecer,
aquela mesma Voz,
já de há muito esquecida,
voltou a falar-lhe:

- Você terá que partir de novo.
- Ah, não! Daqui eu não saio.
Tenha a santa paciência.
Estou muito bem aqui.
Olhe aí quantas pessoas
queridas ao meu lado...
Veja o mundo lindo que construí
ao longo de tantos anos.
Eu mereço ficar aqui.

- Você irá para um lugar
melhor ainda.

- Não desejo trocar
o certo pelo duvidoso.
Eu não quero sair daqui.
Por favor, não insista.

A Voz explicou-lhe calmamente:

- Lembra-se daquela vez
que estava bem aconchegada
no útero materno e, por isso,
recusava-se a nascer?

- Recordo como se fosse hoje.

- Eu procurava convencê-la
de que partiria
para uma vida muito melhor.
Concorda que deste lado
tudo é realmente muito melhor?

- Concordo plenamente.

- Agora pense um pouco – ponderou-lhe a Voz. – Você tinha muito medo de partir para este lado. Era tudo uma incógnita, apesar da minha palavra empenhada. No entanto, ao partir, você foi carinhosamente recebida por uma pessoa radiante de felicidade, que a tomou no colo, a beijou, a embalou, deu-lhe de mamar e cuidou de você.

- Sim, é verdade – confirmou ela.

- Pois, não é justo e lógico supor que, nesse outro lado, você também será acolhida por dois braços amorosos?

- Tenho minhas dúvidas!

- O Amor sempre traduz-se em amor em qualquer lugar. Aquele que preparou dois braços carinhosos, um rosto radiante de felicidade e um coração cheio de amor para receber você nesta vida, com mais razão ainda já lhe reservou a recepção mais arrebatadora que você possa imaginar.

Ela hesitava.

- Raciocine comigo – tornou a Voz. - Assim como este lugar é muito melhor do que o anterior, no seio da mãe, da mesma forma a próxima morada é, sem dúvida, infinitamente melhor do que esta aqui. Até mesmo porque a correta evolução dos seres de Deus é sempre para cima, para o melhor e para o mais feliz.
Mas, para chegar até esse paraíso fascinante e indescritível, é preciso nascer de novo, ou morrer, como falam equivocadamente por aí.

- Você quer dizer que não existe a morte?!

- Exatamente.

- O quê?! - explodiu ela.

A Voz sorriu e explicou, com mansidão e bondade:

- Considere o seguinte:
você é a sua vida;
a sua vida é o seu espírito;
e o espírito nunca morre.
Esta é uma verdade indiscutível,
aceita por todas as Religiões
e por todos os grandes sábios.
Portanto, nunca haverá
um momento em que a vida
se interrompa;
logo, a morte não existe.
Nem sequer o corpo morre.
Ele é uma forma de energia,
que vai se transformar
em outra forma de energia.

- Como, por exemplo, numa flor, numa árvore?

- Gostei da colocação.

- Diga-me, então: o que é que vai acontecer?

A Voz revelou-lhe, com a intimidade de uma confidência agradável:

- Vai acontecer que você, continuando viva, passará desta dimensão para outra infinitamente melhor. Será a aventura mais grandiosa da sua vida.

- Sim, mas eu não quero deixar tantos entes queridos, que fazem o encanto do meu mundo.

- Antes você dizia a mesma coisa.

- Acontece que lutei muito para alcançar esta vida que tenho e você quer que me desfaça de tudo...

- Você terá muito mais.

- Eu tenho medo.

- Confie. Juro que não será enganada por Deus. Quem é Amor só tem projetos de amor e só tem respostas de amor.

- E os meus familiares? – relutava ela.

- Deus está cuidando deles.
Não se aflija. Um dia,
também eles terão dois braços
amorosos para os acolher
do lado de lá.

- Tem certeza?!

- Fique tranquila. O mundo
de Deus é mundo de amor
em todas as dimensões.

- Não sei, não!

- Não acha que hoje você merece
muito mais elogios e abraços
do que quando nasceu?
Pois, tenha a certeza de que
sua chegada na outra dimensão
será um acontecimento
de muita festa.

- Bom, seja o que Deus quiser –
confiou ela.

Ao abrir os olhos daquele sono,
viu, com agradável surpresa,
Alguém de braços abertos,
derramando-lhe o mais indescritível
sorriso de boas-vindas.

Era o próprio Deus.

Quanta felicidade!

Mergulhada num venturoso
mundo de alegrias, de luz,
de vitalidade, de prazer indizível,
nunca mais pensou em voltar
à dimensão anterior.

A vida nunca deixa de ser vida.

★

Todo crescimento conduz ao Alto.

★

Todo Alto conduz a Deus.

★

E Deus é a felicidade sem fim.

Este é o
segredo da vida.

Fim.

RECADINHO ÚTIL

Mantenha-se informado sobre os lançamentos de Lauro Trevisan através da Editora da Mente. Estamos sempre prontos e atenciosos para oferecer-lhe todas as informações que desejar. Sempre há novidades que, por certo, podem ser ótimas para você.

Anote:

Email:mente@editoradamente.com.br
Site da Editora:www.editoradamente.com.br
Email do autor: laurotr@uol.com.br
Site do autor:www.laurotrevisan.com.br

***

Se deseja saber algo sobre o autor, a Editora da Mente, ou se lhe apraz mandar comentários ou perguntas, principalmente sobre essa obra, entre no nosso site: www.editoradamente.com.br

***

Caso deseje receber catálogo ou marcadores de livros das obras de Lauro, ou então se deseja cadastrar-se, aproveite nosso site:
www.editoradamente.com.br

***

Talvez necessite falar com alguém do comando da Editora e da programação desse escritor e conferencista. Nesse caso, entre em contato com Maria Odete, pelo telefone: (xx55) 3223.0202
(Santa Maria, Rio Grande do Sul, Brasil)

Nosso endereço completo
Editora e Distribuidora da Mente - Rua Tuiuti,1677
Caixa postal:559 - 97015-663 Santa Maria/RS/Brasil.
Fax: (0xx55) 3221.7184
Fone: (0xx55) 3223.0202

CDs que podem fazer você feliz

Se deseja iluminar seu coração, aliviar seus sentimentos, ver a vida com olhos de paz e felicidade, esses CDs poderão ajudar você.

DÊ A VOLTA POR CIMA
VENÇA E SEJA FELIZ
(MENTALIZAÇÕES)

A CURA DA DEPRESSÃO
A VIDA É UMA FESTA

ACABE COM O ESTRESSE
LIVRE-SE DA ANGÚSTIA

LIBERTE-SE DA INSÔNIA
DESCANSO NO LAGO AZUL

MARATONA DA
FELICIDADE
(MENTALIZAÇÕES)

AME E VIVA
PERDOE E SEJA FELIZ

UM BRINDE À VIDA -
ABRACE A VIDA